KASSYA

OPÉRA EN CINQ ACTES

POÈME DE MM.

HENRI MEILHAC & PHILIPPE GILLE

D'APRÈS

SACHER-MASOCH

MUSIQUE DE

LÉO DELIBES

PRIX NET

PARIS

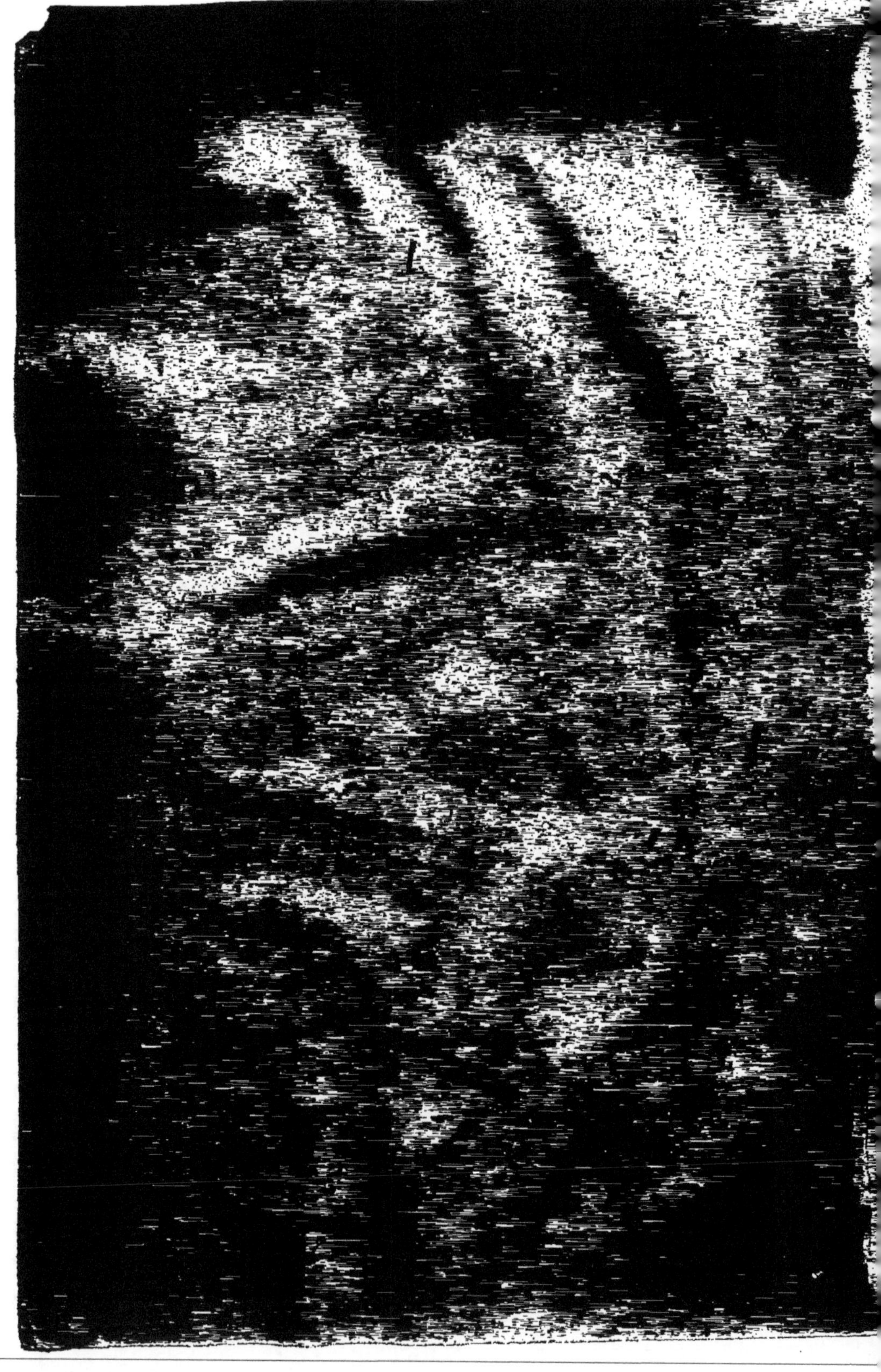

KASSYA

OPÉRA

Représenté pour la première fois au Théâtre National de
l'OPÉRA-COMIQUE, le 13 mars 1893.

(Direction de M. CARVALHO.)

IMPRIMERIE CHAIX, RUE BERGÈRE, 20, PARIS. — 1750-1-93. — (Encre Lorilleux)

KASSYA

OPÉRA EN CINQ ACTES

POÈME DE MM.

HENRI MEILHAC & PHILIPPE GILLE

D'APRÈS

SACHER-MASOCH

MUSIQUE DE

LÉO DELIBES

Prix net : 1 franc.

PARIS

AU *MÉNESTREL*, HEUGEL ET Cⁱᵉ

Éditeurs-propriétaires pour tous pays.

2 *bis*, RUE VIVIENNE, 2 *bis*.

1893

PERSONNAGES

CYRILLE, paysan galicien . . . . . MM. GIBERT.
LE COMTE DE ZEVALE. . . . . SOULACROIX.
KOTSKA, père de Cyrille . . . . . LORRAIN.
KOLENATI, intendant du Comte . . CHALLET.
UN BUVEUR . . . . TROY.
MOCHKOU, aubergiste . . . . BERNAËRT.
UN SERGENT . . . . ARTUS.

KASSYA . . . . Mmes DE NUOVINA.
SONIA, nièce de Kotska. . . . . . . SIMONNET.
UNE BOHÉMIENNE . . . . ELVEN.

SOLDATS, KOSAKS, COLPORTEURS, PAYSANS, JEUNES
FILLES, INVITÉS ET INVITÉES DU COMTE.

En Galicie, 1846.

Ier Acte. — *Une place publique du village de Zevale.*
IIe Acte. — *Une salle dans le château du comte de Zevale.*
IIIe Acte. — *La lisière d'une forêt.*
IVe Acte. — *Autre salle du château de Zevale.*
Ve Acte. — *La cabane de Kotska.*

Décors de MM. CARPEZAT, RUBÉ et CHAPERON.
Costumes dessinés par M. THOMAS.
Chef d'orchestre: M. Jules DANBÉ.

Pour la partition chant et piano, la partition et les parties d'orchestre, la mise en scène, les dessins des costumes et décors et le droit de représentation, s'adresser à MM. HEUGEL et Cie, au *Ménestrel*, 2 *bis*, rue Vivienne, seuls éditeurs-propriétaires pour tous pays.

KASSYA

ACTE PREMIER

Une place publique du village de Zevale, en Galicie. — A droite, l'entrée
d'une auberge; devant l'auberge, une petite cour entourée d'une haie qui
redescend jusqu'au deuxième plan, presque au milieu de la scène; entre la
haie et l'auberge, tables, bancs pour les buveurs. A gauche, la maison de
Cyrille; en perspective quelques maisons de paysans couvertes en tuiles de
bois. Au fond, se dessine, dans le lointain, la silhouette des Carpathes.

SCÈNE 1

MOCHKOU et QUELQUES BUVEURS attablés.

CHŒUR.

Verse-nous à pleines rasades,
Vieux mangeur de pain sans levain,
Laisse là tes jérémiades
Et verse-nous du brandevin!

Frappant avec leurs verres.

A plein verre il faut boire
C'est certain!
Pour chasser l'humeur noire
Il faut boire,
Du soir au matin!
Holà! du vin!

MOCHKOU.

Des cris!... du bruit! C'est toute la monnaie
Dont on me paie!

UN BUVEUR.

Eh mais, par le ciel!
Tu fais la grimace,
Enfant d'Israël!

MOCHKOU.

Je crois qu'à votre place
Je ferais bien moins de fracas,
Et que je parlerais plus bas!

LE BUVEUR.

Comment? coquin!

MOCHKOU.

Je sais que vous êtes
Des bandits... honnêtes!
Mais je sais ce que je dis,
Vous êtes des bandits!
Mouvement du chœur. Le buveur fait signe aux autres de se taire.
La nuit dernière
Vous avez volé des chevaux,
Mis le feu chez Obrock et brûlé sa chaumière!

TOUS.

C'est faux!

MOCHKO .

Puisque j'ai vu moi-même.

TOUS, riant.

C'est faux!

LE BUVEUR.

Allons, face blême!

REPRISE DU CHŒUR

Verse encore à pleines rasades
Etc.

MOCHKOU, qui a regardé sur la route.

Silence cette fois!... Voici tout le village
Qui vient de ce côté!... S'il est un criminel
Parmi vous, je l'engage
A...

TOUS, cherchant à fuir.

C'est vrai, par le ciel!

MOCHKOU, riant.

Ne craignez rien! C'est pour Cyrille!
On vient le complimenter
D'avoir, par son courage,
Su mâter
Des gredins!

LE BUVEUR.

Imbécile!
C'est bon! nous le retrouverons
Et puis, à notre tour, le complimenterons!

KASSYA.

SCÈNE II

LES MÊMES, VIEILLARDS, PAYSANS ET JEUNES FILLES
DU VILLAGE; SONIA et KOTSKA, puis CYRILLE.

LE CHŒUR.

Cyrille ouvre ta porte,
Cyrille on vient te voir,
Pour la nouvelle qu'on t'apporte
Hâte-toi de nous recevoir!

CYRILLE, sortant.

Eh! quoi, mon père? et vous, les anciens du village?

KOTSKA et SONIA.

Ils sont venus vers toi
Pour rendre hommage
A ton bon cœur, à ton courage.

CYRILLE.

Pourquoi?
J'ai défendu le faible qu'on outrage.
Ce que j'ai fait, chacun l'aurait fait comme moi.

UN GROUPE.

Alors que nous manquait la justice du maître
Tu t'es fait notre protecteur.

UN AUTRE GROUPE.

Contre le malfaiteur, le voleur et le traître,
Tu t'es dressé comme un vengeur!

TOUS.

Nous saurons te prouver notre reconnaissance!

LES VIEILLARDS, avec solennité.

Au jour qu'il te plaira, fixe ta récompense!
Nous, anciens du pays, serviteurs de la loi,
Nous te l'accorderons, Cyrille, souviens-toi!

LE CHŒUR.

A ta voix, ô Cyrille,
Aussitôt nous viendrons,
Et tous d'un cœur docile
Ici nous redirons :
Souviens-toi!

CYRILLE.

Ah! l'honneur facile
Qui vient à moi?

KOTSKA.

Ton père, ô Cyrille,
Est fier de toi.

TOUS.

Souviens-toi!

LES BUVEURS, raillant.

Regardez-donc cet air vainqueur!
C'est un seigneur!

SONIA

A mon tour maintenant!

CYRILLE.

Cousine?

SONIA.

Écoute-moi :
Ce soir, c'est la fête des mages ;
Tous, prosternés devant toi,
Ils vont t'apporter leurs hommages,
Tu seras roi !

CYRILLE.

Qui ? Moi !

SONIA.

Tu dois obéir à l'usage !

LES BUVEURS, riant.

Ah ! le bel avantage !

LES JEUNES FILLES.

Tu seras roi !

LE CHŒUR.

A ce soir, qu'on rentre chez soi.

LES BUVEURS, à part.

Nous te retrouverons, ma foi !

TOUS.

Cyrille, souviens-toi !

Les vieillards, les paysans et les jeunes filles s'éloignent ; les buveurs, de loin, tournent
autour de Cyrille, mais celui-ci, d'un geste impérieux, les force à s'éloigner.

SCÈNE III

CYRILLE, SONIA, KOTSKA.

KOTSKA.

C'est bien! mais sois prudent! Le seigneur du pays
Protège ces vauriens.

CYRILLE.

                    Je saurai me défendre;
On dit qu'il est un Dieu...

KOTSKA continuant, en souriant:

                              Pour les cœurs bien épris!
C'est toi qui l'auras dit!...

CYRILLE, troublé.

          Qui? Moi !

KOTSKA.

                         J'ai cru comprendre...

CYRILLE.

Mais je riais, en vérité!

KOTSKA, d'un air de doute.

Vraiment?

SONIA, entraînant Kotska.

          Ah! laissons-le tranquille,
Venez!... Nous allons, cher Cyrille,
Préparer les habits de Votre Majesté!

                    Ils entrent dans la maison.

SCÈNE IV

CYRILLE, il fait quelques pas pour sortir et s'arrête.

Amoureux! il l'a dit! quelle honte est la mienne!
Aimer une inconnue, une bohémienne!

Quand je la vis pour la première fois,
C'était là-bas dans les aulnaies,
A la lisière du grand bois.
Elle courait au bord des haies
En cueillant au travers
Dès fruits aigres et verts!
C'était là-bas dans les aulnaies!
Je n'avais pas cherché
A la voir; par faiblesse,
Je regardais, caché,
S'égayer sa jeunesse!
Tout à coup, c'est un cri perçant!
Une épine cruelle
Avait piqué son pied jusques au sang.
Je m'avançai vers elle,
Elle tarit ses pleurs à ce moment,
Et me tendit son pied ingénument.

Et je me vois encore au bord de ce chemin,
Ce petit pied blanc dans la main!
Et les oiseaux chantaient au fond des haies.
C'était là-bas, dans les aulnaies!

Depuis ce jour, son souvenir est là,
Partout je dis le nom de Kassya !
A quoi bon tous ces stratagèmes ?
Va, mon pauvre Cyrille ! Ah ! c'en est fait, tu l'aimes !

Revenant et se dirigeant vers le fond.

Allons ! vite au travail !

Revenant sur ses pas et souriant.

Rien qu'une fois
Je l'ai revue !... encore au bois !
Les aubépines blanches
Me la cachaient, mais à travers les branches,
Ses yeux brillaient avec l'éclat
Des yeux d'un petit chat !
Elle se prit à rire
Et se sauva !
On a beau dire,
On ne peut oublier des yeux comme ceux-là !

Vers la fin de cette scène, Kassya est arrivée doucement et s'est cachée derrière la haie.

SCÈNE V

CYRILLE, KASSYA.

CYRILLE, *s'arrêtant brusquement.*

Ciel ! derrière la haie,
Encor ce regard que j'ai vu !

KASSYA, *se démasquant avec coquetterie.*

Il t'effraye ?

CYRILLE.

Kassya !

KASSYA.

Je m'en vais !

CYRILLE.

Qui cherchais-tu ?
Réponds !

KASSYA.

Que voulez-vous que je réponde ?
Je regardais tout simplement !
Le chemin est à tout le monde !
Mais si vous voulez qu'à l'instant
Je vous évite ma présence,
Dites un mot et je m'en vais.
Excusez si je vous offense,
    Mais je croyais
L'air du ciel, la forêt profonde,
Et le chemin à tout le monde !

S'éloignant en riant.

Adieu, Cyrille !

CYRILLE.

Encore un mot !

KASSYA, railleuse.

Il me semblait pourtant que vous m'aviez trouvée
Moins indiscrète l'autre jour !

CYRILLE.

Tu t'es sauvée,
Pourquoi ?

KASSYA, baissant les yeux.

Demandez-moi plutôt
Pourquoi me voilà revenue !

CYRILLE, à part.

Quelle voix inconnue
A parlé dans mon cœur,
Et quel charme vainqueur
Tout à coup se révèle !
En vain je voudrais fuir,
Que Kassya m'appelle
Et j'accourrais près d'elle,
Heureux de revenir !

KASSYA.

Je le sens, à ma vue
A tressailli son cœur,
Et son trouble, ô bonheur,
Malgré lui se révèle !
Tu ne peux plus me fuir,
Et si ma voix t'appelle
Tu reviendras fidèle,
Heureux de revenir.

CYRILLE.

Tu restes ! C'est qu'alors tu veux bien que je t'aime ?

KASSYA.

Est-ce qu'on peut m'aimer ?
Rien qu'en me regardant moi-même
Je vois que je ne puis charmer.

CYRILLE.

Pourquoi ?

KASSYA, *avec coquetterie.*

Dans ma misère
Je ne suis qu'un épouvantail,
Je n'ai pas même un collier de corail !
Et sans cela, comment penser à plaire ?

CYRILLE.

Ambitieuse ?

KASSYA.

Oh ! non !
Mais je suis femme, et pour être admirée,
Je sais qu'il faut être parée !

CYRILLE.

Coquette ?

KASSYA.

Ah ! je me tais, pardon !

CYRILLE, *pressant.*

Eh bien, ce soir, à la fête des mages,
Si tu veux m'aimer, tu viendras !

KASSYA.

Vous aimer ! Mais les filles sages
Dans ce cas ne répondent pas !

CYRILLE, *suppliant.*

Je t'en supplie,
Viens ce soir, Kassya !

KASSYA, *sans lui répondre.*

Le beau seigneur
Aussi m'a promis des colliers !

CYRILLE.

Quelle infamie!

KASSYA.

Je l'ai bien traité... sur l'honneur !
Car, si jamais, prenant un maître,
        Kassya finissait
Par aimer, ce serait peut-être...

CYRILLE, anxieux.

Ce serait ?

KASSYA, se sauvant en riant.

Bah! qui sait !

Elle sort.

SCÈNE VI

CYRILLE, L'INTENDANT.

L'INTENDANT, qui a entendu ces derniers mots, riant, à Cyrille.

Bravo !

CYRILLE.

Ciel ! l'intendant du comte de Zevale

L'INTENDANT.

Je viens te parler de sa part;
La démarche est tout amicale.

CYRILLE.

Par quel hasard ?
Il est le protecteur de tous nos ennemis,
Des malfaiteurs de ce pays!

L'INTENDANT.

Ah! quels gros mots !

Confidentiellement.

On peut s'entendre!

CYRILLE, avec hauteur.

Je crois comprendre!
Le comte a peur
De l'empereur,
Et veut compter sur nous?

L'INTENDANT.

Peut-être!

CYRILLE.

L'empereur est seul maître !

L'INTENDANT.

Ah! bah! l'Autriche est loin,
Et le seigneur est près...

CYRILLE.

Je n'ai besoin
De personne !

L'INTENDANT.

Hé! suppose
Une petite chose :
Le comte serait amoureux
De celle à qui tu ferais les doux yeux...

Étant de tes amis, il aurait la clémence
De renoncer!... Tu m'as compris, je pense...

CYRILLE, l'interrompant.

Comment?

L'INTENDANT, écoutant.

Voici la fête, et les cris et les chants
Des paysans et des marchands!

CYRILLE, inquiet.

Mais cette jeune fille?

L'INTENDANT.

Au revoir! au revoir!

CYRILLE.

Un mot! un seul!...

L'INTENDANT.

Non, réfléchis, bonsoir!
Il sort.

On voit quelques groupes de paysans se diriger au-devant des marchands.

SCÈNE VII

CYRILLE, puis SONIA.

LES MARCHANDS, au loin.

Venez à notre appel!
Achetez, c'est Noël!

SONIA.

Entends-tu les marchands ?
Viens vite, il te faut ta couronne
Et ton manteau de roi.

CYRILLE.

                    Chère et bonne
Sonia, je t'entends !

SONIA.

Pourquoi cet air sévère ?
Faut-il donc un front soucieux
Quand on est souverain ? et, tu n'as pu le taire,
Quand on est amoureux !

CYRILLE.

Folie ! Et qui veux-tu que j'aime ?

SONIA, souriant.

Faut-il chercher ?

CYRILLE, brusquement.

                    Je ne sais pas moi-même,
Ne cherche pas !...
                                        Mouvement de Sonia.
                    Tu pâlis !

SONIA.

                                        Non !

CYRILLE.

Mais que croyais-tu donc ?

SONIA, embarrassée.

Moi ? rien... je plaisantais... c'était pour rire !
Et je n'avais rien à te dire !

Pardonne-moi, je ne sais pas,
Mais je croyais que lorsqu'on aime
Le désir suprême
Était de le redire ou tout haut ou bien bas!
Je croyais à des mots, des fièvres.
A des aveux pleins d'embarras
Qui montent du cœur à nos lèvres
Pardonne-moi, je ne sais pas!

CYRILLE.

Ah! pauvre Sonia, laisse-moi, chère enfant..

SONIA.

Moi je croyais, c'était folie,
Que dans cette vie
Le cœur qui sait aimer était plus confiant,
Répétant un nom, doux mystère,
Le seul qu'il aurait voulu taire!
Oui, je croyais... quel rêve, hélas!
Pardonne-moi, je ne sais pas!

CYRILLE.

Oublions tout cela!

SONIA.

Pardon!

On entend des chants.

CYRILLE.

Ces chants?
Ce sont eux, les marchands!

SCÈNE VIII

LES MARCHANDS, UNE BOHÉMIENNE, CYRILLE,
SONIA, PAYSANS, PAYSANNES.

LE CHŒUR.

Venez à notre appel,
Accourez, c'est Noël !
Achetez, voici des images
Et des sceptres en bois doré !

UN GROUPE.

J'ai de grands bâtons pour les mages ;
Le prix en est très modéré !

LE CHŒUR.

Prenez, admirez,
Regardez, choisissez !

CYRILLE.

Soit ! Je prends ce manteau.

UN MARCHAND.

Cette couronne ?

CYRILLE.

Oui, c'est bon, donne !
A part.
Elle n'est pas venue !

SONIA.

Il faut te préparer !

TOUS.

Mais va donc, va donc te parer!

REPRISE DU CHŒUR

Cyrille rentre dans sa maison, reconduit jusqu'à la porte par Sonia et quelques gens
du village.

SCÈNE IX

LES MÊMES, moins CYRILLE, KASSYA.

LA BOHÉMIENNE.

Te voilà, Kassya?

KASSYA.

Mais c'est ce soir la fête,
Et je viens pour le bal, puisque l'on dansera!

LA BOHÉMIENNE, à Sonia.

Achetez pour votre toilette...

SONIA.

Merci!

LA BOHÉMIENNE.

Mieux que cela!
Si je vous disais, moi, votre bonne aventure!

KASSYA.

Oui!

LA BOHÉMIENNE.

Je la lis déjà, là, sur votre figure!

KASSYA.

À moi d'abord !

LE CHŒUR.

Non, moi !... non, moi !

LA BOHÉMIENNE.

Laissez parler le sort !

TOUS.

Écoutons !

LA BOHÉMIENNE, faisant approcher Kassya.

C'est l'avenir qui s'ouvre !
Ta pauvreté se dore aux rayons du soleil !
Un palais apparaît à l'horizon vermeil !
C'est comme un paradis qui là-bas se découvre !
On s'incline vers toi partout ;
Libre d'une chaîne importune
Tu voulais honneur et fortune,
Tu les auras !

KASSYA.

Et puis?...

LA BOHÉMIENNE.

C'est tout !

LE CHŒUR.

Ah ! la singulière,
L'étrange sorcière,
Bien sûr, tout son art
N'est que le hasard !

LA BOHÉMIENNE, prenant la main de Sonia.

Dans un autre pays, mon regard se promène;
J'y vois, dans le lointain, fumer un humble toit.
Au seuil de la maison, le logis est étroit,
Le bonheur s'est assis, disant : c'est mon domaine!
      Tu viens, et lui, déjà debout,
      Te dit : entrez la voyageuse!
      Toi, tu n'as voulu qu'être heureuse,
      Tu le seras!

SONIA.

Et puis?...

LA BOHÉMIENNE.

C'est tout

LE CHOEUR.

Ah! la singulière,
      etc.

LES JEUNES FILLES, s'empressant autour de la bohémienne.

A moi! vite à moi!

LA BOHÉMIENNE, écoutant.

Les voilà!
Voilà les mages, les bergers!

LES PAYSANS, appelant.

Holà!
Par ici, les voilà!

SCÈNE X

LES MÊMES, LES BERGERS, LES MAGES.

CHŒUR DES MAGES.

La nuit est venue,
Et vers l'Orient
L'étoile inconnue
Brille au firmament.
A travers la nue
Un astre brillant
De son feu plus doux
Nous guide vers vous!

LES PAYSANS, regardant le cortège,

Voyez comme ils sont parés!
Voilà Yousef, le roi maure!

UN GROUPE.

Yahn marche à pas mesurés!

UN AUTRE GROUPE.

Voyez, voyez encore!

LES PAYSANS.

C'est Cyrille, il vient à nous!

TOUS.

La nuit est venue,
Et vers l'Orient
L'étoile inconnue
Brille au firmament!
A travers la nue
Un astre brillant
De son feu plus doux
Nous guide vers vous!

SCÈNE XI

LES MÊMES, CYRILLE, SONIA et KOTSKA.

CYRILLE.

Bonsoir, ô rois mes frères,
Qu'ici conduit le ciel,
Bonsoir aux rois de la Noël!

TOUS.

Vivent les rois de la Noël!

LES MAGES.

Et maintenant, suivant l'usage,
Choisis ta Reine et fais ton compliment.

SONIA, à part.

Pourquoi? c'est comme un noir présage,
Pourquoi mon cœur est-il tremblant?

LES JEUNES FILLES.

Qui va-t-il choisir pour sa reine?

LES MAGES.

Prends cette fleur et donne-la !

LES JEUNES FILLES.

Qui de nous sera souveraine?

Cyrille prend la fleur, hésite un instant, puis brusquement se tourne vers Kassya.

TOUS.

O ciel ! c'est Kassya !

SONIA, à part.

Je me soutiens à peine !

CYRILLE, tourné vers Kassya.

Salut, fleur d'Occident !
Guidé par la beauté de l'étoile nouvelle
Qui vient briller au firmament,
Je vais où son éclat m'appelle.
Salut, douce fleur d'Occident !

SONIA, à part.

Oui ! c'est elle ! J'en étais sûre !

KASSYA, rêveuse.

Eh ! quoi, cette grandeur future
Que pour bonne aventure
Elle me prédisait,
Est-ce donc là ce que c'était ?

KOTSKA.

Sonia, pauvre enfant,
Pour ton cœur, je le sens, quelle peine cruelle !

SONIA.

Cachons bien mon tourment,
Mon cœur me le disait, la reine c'était elle !

KASSYA.

J'accepte ton présent.
Saluez tous ici votre reine nouvelle !

CYRILLE.

Salut, fleur d'Occident !
Guidé par la beauté de l'étoile nouvelle
Je vais où son éclat m'appelle !

LE CHŒUR.

Salut à la reine nouvelle,
A notre Tzarewna,
A celle que son cœur appelle !

KASSYA, résolument et gaîment.

Qu'importe, il m'aime, et moi, je l'aime aussi !

Entrent les musiciens.

LE CHŒUR.

Allons, les danseurs !

UN GROUPE.

Les voici !

KASSYA.

A votre reine
Et souveraine,
Tous obéissez,
Aimez, chantez et dansez !

LE CHOEUR.

Pour fêter les rois, buvons,
Rions et chantons!
A tous les échos, jetons
Les refrains de nos chansons!

LES JEUNES FILLES, à Cyrille.

Souviens-toi bien que celle
Avec qui le roi dansera,
Qu'il trouve la plus belle,
Toute la vie il l'aimera!

CYRILLE, attirant Kassya avec amour.

C'est dit! Et son âme ravie
Lui donnera son bonheur et sa vie!
Le veux-tu, Kassya?

KASSYA.

Tu le veux?... Je le veux!
Ils s'embrassent.

SONIA, poussant un cri étouffé.

Ah!

KOTSKA.

Qu'as-tu?

SONIA.

Rien, mon père!
Emmenez-moi bien loin, fût-ce au bout de la terre!
Avec désespoir.

Il l'aimait!

CYRILLE.

Maintenant, dansons! buvons encore!

LE CHOEUR.

Pour fêter les rois, buvons,
Rions et chantons !
Jusqu'à l'heure où le coq annoncera l'aurore !
Aimez qui vous aime !
De l'amour quand même,
Dansons, chantons !
C'est la Noël que nous fêtons !

Les musiciens attaquent un air de danse nationale, les danseurs se groupent, Cyrille
regarde Kassya avec ivresse. Kotska entraîne Sonia qui se soutient à peine.

ACTE DEUXIÈME

Une salle dans le château du comte de Zevale ; le fond, ouvert par de larges fenêtres, donne sur une terrasse autour de laquelle sont des jardins et une route en contre-bas. — Portes à double battant à droite et à gauche.

SCÈNE 1

LE COMTE et KOLENATI, son Intendant.

On entend, arrivant par la route du fond la musique et les chants d'un défilé des soldats autrichiens.

CHŒUR.

Marcher en chantant
Raccourcit l'étape,
Et le cheval frappe,
Du pied plus gaîment !

LE COMTE, s'éloignant de la fenêtre.

Des soldats ! L'empereur sait-il qu'en ce moment
Nous conspirons ici ?... Ces troupes accourues
Viennent-elles punir ?...

L'INTENDANT.

Non, ce sont simplement
Des soldats envoyés pour chercher des recrues.

REPRISE DU CHŒUR.

Marcher en chantant
Raccourcit l'étape,
Et le cheval frappe
Du pied plus gaîment.

LE COMTE.

Ce n'était rien !

Réfléchissant.

Ces soldats pourraient bien
Servir à mes amours !

A Kolenati.

Cyrille

Est-il venu ?

KOLENATI, mettant un doigt sur sa bouche.

C'est lui !

SCÈNE II

LES MÊMES, CYRILLE.

CYRILLE, s'inclinant devant le comte.

L'on m'a dit à la ville
Que vous aviez besoin d'ouvriers pour parer
Ce château. Me voici.

2.

LE COMTE.

C'est pour la fête
De ce soir. Tu vas tout décorer
Ici, de guirlandes, de fleurs.

KOLENATI.

Viens !

LE COMTE.

Qu'on lui prête
Tout ce qu'il lui faudra.

KOLENATI, à Cyrille.

Le feuillage, les fleurs,
Tout ce qu'il faut aux travailleurs
Est là.

CYRILLE.

J'y vais.

KOLENATI, bas au comte.

Un mot !... Que monseigneur me donne
Les noms de nos nouveaux soldats.

LE COMTE avec intention.

Tu les auras !

Cyrille sort conduit par l'intendant.

SCÈNE III

LE COMTE, puis KASSYA

LE COMTE.

Il était temps ! je l'ai fait disparaître
Pour éviter un embarras,
Car j'entends une voix bien douce à reconnaître !

KASSYA, elle entre sans apercevoir le comte qui s'est reculé
pour ne pas être vu.

O Nadja, dit le seigneur,
Vois ma tendresse.
O Nadja, veux-tu d'un cœur
Être maîtresse ?
Puise à même mon trésor,
Prends mes manteaux brodés d'or
Veux-tu pour ta parure
Les rubis merveilleux,
La lourde fourrure
Aux reflets bleus ?

Non, seigneur, je vous le jure,
Ce n'est pas ce que je veux !
Ah !
Mais demandez à Nadja,
O mon doux maître,
Si son cœur n'a pas déjà
Battu peut-être,
Il vous répondra
Lui seul ce qu'il voudra !
Ah !

Elle s'arrête, apercevant le comte.

Monseigneur, pardonnez à mon étourderie !...

LE COMTE.

Qu'as-tu ? Réponds ?

KASSYA, coquettement.

Rien... vous m'avez fait peur !...

LE COMTE, avec amour.

Quelle plaisanterie !
N'es-tu pas, Kassya, maîtresse de mon cœur !...
Ne le comprends-tu pas ?

KASSYA, avec une feinte indifférence.

On m'a dit que Cyrille
Était ici.

LE COMTE, impatienté.

Ce nom, toujours? Eh! n'est-il donc
Que celui-là?

KASSYA, avec coquetterie.

Mais c'est le plus facile
A retenir pour moi!

LE COMTE, furieux.

Tais-toi! Tais-toi!

KASSYA.

Pardon!...
Car je ne croyais pas vous blesser, monseigneur!

LE COMTE.

Eh quoi! Pas un mot de tendresse
Ne peut parvenir à ton cœur.
Tu ne réponds à mon ivresse
Que par ce sourire moqueur!
Que rêves-tu donc, en échange
De l'amour qui supplie encor,
O cruel démon, fille étrange
Qui n'aimes ni l'amour, ni l'or?...

Mais je lis dans ton âme :
Tu me céderas!
Tu n'es qu'une femme,
Tu m'écouteras!

N'est-ce donc rien d'aller comme une reine,
Et par les jours et par les nuits,
De lever sur chacun un front de souveraine,
Paré de perles, de rubis?

N'est-ce donc rien de voir qu'on vous envie,
De mépriser le lendemain,
De voir venir à soi les trésors de la vie,
Et d'y puiser à pleine main !

Oui, je lis dans ton âme :
Tu me céderas ;
Tu n'es qu'une femme,
Tu m'écouteras !

Avec émotion à Kassya.

Eh bien ! tu ris encor, je gage !

KASSYA.

Oh ! non, mais vous ririez, je crois, à votre tour,
Si je vous disais, moi, que là-bas au village,
Nous ne comprenons pas ce mot si doux : amour,
Si ce mot n'est suivi d'un autre : mariage.

LE COMTE, après un instant de silence, à lui-même,

Non ! je suis fou !

KASSYA.

Parlez !

LE COMTE, avec passion.

Écoute-moi, comprends !
Si tu pouvais aimer qui te trouve adorable,
Si ton cœur renonçait à ce sort misérable,
Rappelle-toi ceci : Je t'aime et je t'attends !

SCÈNE IV

KASSYA, rêveuse.

Il ne m'a pas dit : Non, quand j'ai dit : Mariage?...
Je suis folle à mon tour !

SCÈNE V

KASSYA, CYRILLE, Domestiques.

Cyrille entre, suivi de domestiques qui déposent un escabeau, jettent des brassées de feuillage au fond du théâtre et se retirent.

CYRILLE, avec amour.

Me voilà, Kassya !

A Kassya, préoccupée, qui ne l'entendait pas.

Voyons, veux-tu m'aider à placer ce feuillage?

KASSYA, sortant de sa rêverie.

Cyrille?

CYRILLE.

Eh oui! Travaillons!

KASSYA.

C'est cela !

KASSYA.

Travailler à deux
Double le courage,
L'esprit est plus sage,
Le cœur plus joyeux !

CYRILLE.

Travailler à deux
Double le courage,
J'ai ta douce image
Au cœur, dans les yeux !

KASSYA, lui tendant des feuilles et un marteau.

Prenez d'abord cette guirlande
Et ce marteau, sans vous blesser !

CYRILLE.

C'est fait ! Avant de commencer,
Veux-tu répondre à ma demande ?

KASSYA.

Laquelle ?

CYRILLE, gaiement.

M'aimes-tu ?

KASSYA, lui donnant des fleurs.

Mais oui, mais oui, c'est convenu !
Prenez ces fleurs et ce feuillage !

CYRILLE, penché.

Tourne bien vers moi ton visage !

KASSYA.

C'est fait !

CYRILLE.

O Kassya !
Je te trouve belle !

KASSYA.

À l'ouvrage !
Plus tard vous me direz cela !

KASSYA.

Travailler à deux
Double le courage,
L'esprit est plus sage
Le cœur plus joyeux !

CYRILLE.

Travailler à deux
Double le courage,
J'ai ta douce image
Au cœur, dans les yeux !

CYRILLE.

D'un mot tu m'as donné du cœur !
Vite, à ma tâche !

KASSYA, rêveuse, s'est assise sur un divan et examine le palais.

Ici, tout est splendeur !
Quelle richesse !

S'étendant.

Oh ! que doucement la paresse
Vous prend sur ces coussins soyeux !
Leur mollesse est une caresse.
Ah ! que les seigneurs sont heureux !

CYRILLE, travaillant.

Que dis-tu ?

KASSYA.

Rien !... Je rêve !

CYRILLE.

Kassya, m'aimes-tu ?

KASSYA, haussant les épaules.

Mais oui !

CYRILLE.

Ma besogne s'achève !

KASSYA, à part et impatientée.

Lui !... Toujours lui !...
Ici, tout me charme et m'attire,
En vain je veux fermer les yeux,
Chaque chose a comme un sourire.
Ah ! que les seigneurs sont heureux !

Cyrille, qui a suivi ses mouvements sans être vu et qui a deviné la pensée de Kassya,
s'est approché d'elle avec une émotion mal contenue.

CYRILLE, brusquement.

Kassya !...

KASSYA, surprise.

Toi ?... Qu'as-tu ?...

CYRILLE.

Cette richesse

T'éblouit !

KASSYA, rire forcé.

Moi ?
Mais le seigneur m'a dit : Un seul mot de tendresse,
Et tous ces biens seront à toi !

CYRILLE, étonné.

Il te disait cela ?...

KASSYA.

Bien plus encore !
Sois ici la maîtresse !

CYRILLE, avec douleur.

Il te disait cela !

KASSYA.

Il disait : Je t'adore !

CYRILLE, furieux et menaçant.

Il te disait cela ?

KASSYA.

Cyrille !

3

CYRILLE.

Kassya !
Écoute-moi, je connais ta pensée!
Puisqu'il faut des trésors à ton âme insensée,
Eh bien, j'en volerai
Et te les donnerai !
Es-tu contente? O honte!

KASSYA.

On te pendra!
Mais lui, le comte,
Sans rien risquer, il me les donnera !

CYRILLE, au comble de la colère.

Ah! misérable!
Il lève son marteau sur elle.

KASSYA, en le bravant.

Une menace!
Eh bien, j'attends!... Pourquoi ton bras
Menace-t-il, et ne frappe-t-il pas?

CYRILLE contient un nouveau mouvement de colère, puis, anéanti, laisse
glisser son marteau à terre.

J'ai tort!... Je deviens fou!... Que veux-tu que je fasse?...
Te laisser libre?... Va !
Avec douleur.
Je te croyais tout autre, Kassya!
En te donnant mon âme, en te donnant ma vie,
Je pensais être aimé!... Pardonne à ma folie,
J'ai pu croire que tu m'aimais,
Je me trompais!...

KASSYA.

Eh quoi! vraiment il pleure!

CYRILLE.

Je me trompais,
Quand je croyais que tu m'aimais !

KASSYA.

Ne pleure pas ! je suis meilleure
Que tu ne crois; peut-être, en y songeant,
Suis-je meilleure aussi que je ne crois moi-même !
Tu pensais être aimé, Cyrille? eh bien, je t'aime !

CYRILLE.

Répète-le !

KASSYA.

Je t'aime !
Me crois-tu maintenant?
Je t'aime !

CYRILLE.

Oui, je te crois,
J'en crois ton regard et ta voix,
Je lis dans ton cœur, je lis dans tes larmes,
Oui, je te crois !

KASSYA.

Oui, tu me crois,
Tu crois mon regard et ma voix,
Tu lis dans mon cœur, tu lis dans mes larmes,
Oui, tu me crois !
Fuyez, vaines alarmes !
Tous deux nous vivrons, moi pour toi,
Toi pour moi !
Bonheur et richesse
Sont dans notre amour, dans notre tendresse !

*Kassya embrasse Cyrille et sort en courant. Cyrille remonte sur son escabeau
et travaille.*

SCÈNE VI

CYRILLE, KOLENATI, Un Sergent,
Soldats.

KOLENATI, montrant Cyrille.

C'est celui-là! C'est notre drôle!

LE SERGENT.

Très bien!

A Cyrille.

Hé! l'ami!... Répondez!

CYRILLE, sur son escabeau.

Comment?

LE SERGENT.

De ce perchoir, sur ma parole,
On ne saurait causer!

CYRILLE.

Vous dites?

LE SERGENT.

Descendez!

CYRILLE.

Il faut que je travaille!

LE SERGENT.

A poser des guirlandes,
Alors qu'on est soldat?

CYRILLE.

Mais je ne le suis pas!

LE SERGENT.

Si fait!

CYRILLE, descendant un échelon.

Comment!

LE SERGENT, lui montrant un papier.

Il faut que tu descendes
Encor plus bas,
Pour voir ici ton nom... c'est signé.

CYRILLE, qui est descendu vivement.

Qu'ai-je lu?
Non! Je ne le veux pas!

LE SERGENT.

Vois! l'ordre est absolu!

LES SOLDATS.

Allons, camarade,
Entre dans le rang!
Nous boirons rasade,
Viens à nous gaîment!

Pourquoi faire la grimace?
Vois, la gloire te sourit,
On te donne une cuirasse
Et l'empereur te nourrit!

Allons, camarade,
Etc.

CYRILLE, exaspéré.

Je ne partirai pas ! C'est une trahison !

LE SERGENT, lui montrant son engagement.

C'est l'ordre du seigneur !

CYRILLE, troublé.

Je saurai par lui-même !...
Mon Dieu ! c'est vrai... Je comprends la raison !
Il voudrait m'éloigner !... Vous m'entendez !... il l'aime,
Il veut me la ravir !

LE SERGENT.

Est-ce que l'on s'arrête
A de tels accidents ?

CYRILLE.

Mais je veux me venger !

LE SERGENT.

Soyons prudent
Avec les grands ! Laisse ton amourette !

CYRILLE.

Si Kassya m'avait trahi !...
Si d'accord avec lui !...
Résolument.

Je veux savoir par elle-même,
Si c'est lui, si c'est moi qu'elle aime !

LE SERGENT.

Détail puéril ! Allons !

LES SOLDATS.

Partons !

CYRILLE.

Jamais ! Je saurai me défendre !

LE SERGENT.

Pas de rébellion !... Nous avons l'âme tendre
Tout comme toi,
Mais avant l'amour, c'est la loi !
Et nous l'exécutons !

LES SOLDATS.

Viens !

CYRILLE.

Laissez-moi !

LES SOLDATS.

Partons !

CYRILLE, solennel et avec énergie.

O Dieu de justice,
Qui vois mon tourment,
Qui vois mon supplice,
Entends aujourd'hui ce serment :
Du maître qui m'opprime
Et par qui je suis outragé,
Quand il faudrait descendre au crime,
Je jure ici d'être vengé !

Résolument.

Partons !

LE SERGENT.

Enfin, te voilà plus traitable!
Viens avec nous,
Nous savons être doux
Quand on est raisonnable!

Un groupe de soldats entoure Cyrille et l'entraîne.

LES SOLDATS.

Allons, camarade,
Entre dans le rang!
Nous boirons rasade,
Viens à nous gaîment!

CYRILLE, pendant qu'on l'emmène, répète son serment.

Du maître qui m'opprime
Et par qui je suis outragé,
Quand il faudrait descendre au crime,
Je jure ici d'être vengé!

Cyrille sort emmené par les soldats.
A peine il est parti que le comte et les seigneurs, qui ont écouté la fin de la scène apparaissent.

SCÈNE VII

LE COMTE, KOLENATI, SEIGNEURS.

LE COMTE, regardant les soldats qui s'éloignent.

Au diable le manant,
Le plaisir maintenant!

Sur un geste de Kolenati, on apporte des tables, des coupes, etc.

LES SEIGNEURS.

J'en ris,
Quelle plaisanterie !
C'est un trait de génie
Exquis !
Ce misérable drôle
L'aimait ;
On le prend, on l'enrôle,
Parfait !

On rit.

LE COMTE.

Il voulait être son amant !

LES SEIGNEURS.

L'insolent !

LE COMTE.

Mais je l'envoie au régiment !

LES SEIGNEURS.

C'est charmant !

PREMIER SEIGNEUR.

Très bien joué, cher comte,
C'était un garnement !

DEUXIÈME SEIGNEUR.

C'est honte
De conserver ces révoltés, sans cesse menaçant
De frapper de leurs faux, de répandre le sang
Des nobles comme nous !

3.

PREMIER SEIGNEUR.

Une potence
A ces gens-là !

DEUXIÈME SEIGNEUR.

Non, il vaut mieux
Qu'on les fasse payer !

PREMIER SEIGNEUR.

Buvons !

DEUXIÈME SEIGNEUR, riant.

Buvons d'avance
A leur trépas !

KASSYA, dans la coulisse.

Je veux
Le voir ! Laissez-moi ! Je le veux !

LE COMTE.

C'est elle !

Entre Kassya.

SCÈNE VIII.

LES MÊMES, KASSYA

KASSYA.

Oui, c'est moi !

LE COMTE.

N'est-ce pas,
Messieurs, qu'elle est jolie ?

KASSYA.

Cyrille !... Je l'ai vu traîné par des soldats...
Vous n'avez pas donné cet ordre ?

LE COMTE, buvant.

Sur ma vie,
Celui qu'elle aimerait serait un homme heureux !

KASSYA.

Je veux une réponse autre que ce sourire,
Je veux, vous entendez, je veux
Qu'à l'instant il soit libre !...

LE COMTE, avec ironie.

Eh bien, allez le dire
Aux soldats ! pour vous plaire, certe, ils vous le rendront !

KASSYA, menaçante.

Monseigneur !

LE COMTE.

Eh bien quoi, Kassya !

KASSYA.

Non ! Pardon !...
Je ne menace plus, j'implore...
Et je pleure, vous le voyez...
M'humilierai-je plus encore ?
Faudra-t-il tomber à vos pieds ?

Qui sommes-nous donc sur la terre,
Nous si faibles, nous si petits,
Hélas, pour que votre colère
S'abaisse à de tels ennemis?
On leur pardonne et puis l'on passe...
N'est-ce pas, vous me pardonnez?
Vous êtes bon, vous faites grâce,
Il est libre, vous l'ordonnez!...

LE COMTE.

Relevez-vous, Kassya, je vous en prie...

KASSYA, suppliante.

Monseigneur!

LE COMTE, buvant.

N'est-ce pas, messieurs, qu'elle est jolie!

LES SEIGNEURS, LE COMTE.

Sois donc plus sage, oublie,
Oublie un malheureux!
Vois la joyeuse vie
Que l'on mène en ces lieux!
Les ans passent rapides,
Vivons au jour le jour,
Vivons, n'ayant pour guides
Que les plaisirs, l'amour.

KASSYA.

Vous pardonnez!... Vous me rendez Cyrille!

LE COMTE, la repoussant.

Peine inutile,
Tu l'as condamné pour jamais
Rien qu'en disant que tu l'aimais!

KASSYA.

Vous refusez! Vous le laissez partir...
Rien ne peut donc vous attendrir!
Je reprends mon courage
Et je pars avec lui!

LE COMTE, jetant sa coupe.
Tu ne partiras pas!

KASSYA.

Qui peut m'en empêcher?

LE COMTE, bas.
Un mot. Ce mariage
Que tu voulais?...

KASSYA.
Eh bien?

LE COMTE.
Parle plus bas.

Il se fera!

KASSYA.
Vous vous moquez!

LE COMTE.
Il se fera!

KASSYA.
Mensonge!

LE COMTE.
Je le jure!

KASSYA.
Osez dire cela
Sur l'image sacrée et les Saints Évangiles?
Vous le jurez?

LE COMTE.

Sur les Saints Évangiles!

KASSYA.

Mais vos amis?

LE COMTE.

Nous saurons être habiles!

Eh bien?

KASSYA.

Moi! Moi! Comtesse?... Ah! la prédiction
De la bohémienne?... et cette vision...
« On s'incline vers toi, partout,
» Tu voulais honneur et fortune
» Tu les auras!... »

LE COMTE.

Elle reste avec nous, mes chers amis, victoire!...

LES SEIGNEURS.

Ordonnez là-dessus que l'on nous verse à boire!

Kassya est restée comme anéantie. Tout à coup on entend la chanson et la fanfare des soldats qui partent.

KASSYA, *sortant de sa rêverie.*

Lui! c'est lui qu'on entraîne. Ah!

LE COMTE, *la retenant.*

Qu'as-tu dit?

KASSYA, *avec effort.*

Moi?... Rien!... C'est mon destin qui s'accomplit!

Reprise de l'ensemble des soldats qui s'éloignent.

ACTE TROISIÈME

La lisière d'une forêt. Elle commence à gauche et s'étend vers le fond.
A droite, un chemin conduisant au village. Tout est couvert de neige.
Bois et village ; dans le lointain, la silhouette du château.

SCÈNE I.

PAYSANNES.

Elles rentrent au village portant de petits fagots, des provisions.

CHŒUR.

Rentrons au logis,
Soufflons dans nos doigts par le froid rougis.
Comme une avalanche,
La neige bientôt, en tempête blanche,
Du ciel en courroux,
Va fondre sur nous !
Mon Dieu, qu'il fait froid, rentrons au logis,
Soufflons dans nos doigts par le froid rougis!

DEUX PAYSANNES.

Laissons les plus courageux
Que l'amour protège,
Chercher dans les vallons creux
Une fleur de neige !
Aux givres étincelants,
Elle a pris ses feux étranges
Et son fin duvet d'argent
A l'aile des anges !

REPRISE DU CHŒUR.

Rentrons au logis,
Etc.

Les paysannes sortent. Entrent d'un autre côté Kotska et Sonia.

SCÈNE II

KOTSKA, SONIA

SONIA.

Attendons là, mon père.
Cyrille, en revenant, doit passer par ici.

KOTSKA.

Deux ans sont écoulés depuis qu'il est parti.
Deux ans de peine et de misère.
Que dira-il, quand il verra
Son vieux père errant sans asile.
Et toi, ma pauvre Sonia...

SONIA.

Ne me plaignez pas trop, je vais revoir Cyrille.
Il en est du malheur ainsi que de l'hiver,
Le temps était noir, il redevient clair.

Il suffit d'attendre.
Le ciel sait toujours
Nous rendre
Le printemps et les beaux jours!

La douce hirondelle,
Au printemps fidèle,
Frileuse s'enfuit;
Car l'hiver conduit
Déjà son cortège
D'autans et de neige.

Un cri de regret,
Un point dans l'espace,
Un point qui s'efface,
Elle disparaît!

L'eau dort sous la glace,
Et le vent du nord
Souffle dans l'espace,
Tout nous semble mort.
Le soleil s'endort!

Un peu
Do ciel bleu
Perce le nuage,
S'étend davantage!

Le soleil surgit, partout il rayonne
Et, dans un sourire, il ordonne
Aux fleurs nouvelles de s'ouvrir,
Aux prés, aux bois, à l'amour de fleurir!

Puis, c'est un bruit d'ailes,
Un léger frisson,
La douce hirondelle
Redit sa chanson !

Il suffit d'attendre,
Le ciel sait toujours
Nous rendre
Le printemps et les beaux jours !

KOTSKA.

Comme te voilà vive et légère et joyeuse...
C'est parce qu'il revient.

SONIA.

C'est vrai, je suis heureuse !

On entend des chants lointains.

Écoutez !... Écoutez !... J'aperçois des soldats.
Ils passent, ils s'en vont, mais l'un d'entre eux, mon père,
Se détache, et vers nous se dirige à grands pas !...

KOTSKA.

Est-ce lui ?

SONIA.

Béni soit le jour qui nous éclaire !
C'est lui !

KOTSKA.

Mon Cyrille, mon fils !...

Entre Cyrille.

SCÈNE III

Les Mêmes, CYRILLE.

CYRILLE.

Mon père!... Tous les trois, nous voilà réunis.

KOTSKA.

Béni sois-tu, Dieu qui le rends
A notre tendresse!
C'est lui, mon fils, lui que je presse
Dans mes bras tremblants!

SONIA.

O jour béni, le ciel le rend
A notre tendresse!
Enfin l'ami de ma jeunesse
Est là maintenant!

CYRILLE.

Oh! pour mon cœur le doux instant!
Quelle pure ivresse!
Tout mon bonheur et ma tendresse
Sont là maintenant!

CYRILLE.

Mon père!... Sonia!... Comme te voilà belle!

SONIA.

Ne le dites pas trop. Cyrille, on vous croirait!

CYRILLE.

Dans son regard, la jeunesse étincelle;
Mais vous mon père, l'on dirait
Que vous nous évitez?... vous vous taisez... Pourquoi?

KOTSKA.

Ne parlons pas de moi!

CYRILLE.

Si fait... j'attends... dites-moi tout!

KOTSKA.

Eh bien, le comte et la comtesse,
Nous écrasant d'impôts renouvelés sans cesse,
Ont fini par nous amener
A la misère, à la détresse;
Si bien qu'un jour, ne pouvant plus payer...

SONIA.

Leurs hommes sont rentrés chez nous pour nous chasser!

CYRILLE.

Le comte et la comtesse!...
Cette comtesse?

KOTSKA.

Est Kassya!...

CYRILLE.

C'est Kassya!...

KOTSKA.

Celle que tu pleurais en partant pour l'armée,
Croyant en son amour pour l'avoir trop aimée.

CYRILLE.

Kassya?

KOTSKA.

Au bout de quelques jours le comte l'épousa,
Car elle t'a trahi.

CYRILLE.

Trahi!... moi qui l'aimais!

SONIA.

Hélas! il l'aime encore!

CYRILLE.

O lâcheté cruelle!
Voilà pourquoi jamais
Vous ne me parliez d'elle!

KOTSKA.

Cyrille, contiens-toi!

CYRILLE.

Malheur, malheur sur moi!

CYRILLE.

Cette douleur est trop amère
Vous avez pitié, n'est-ce pas?
Laissez-moi, laissez-moi, mon père,
Laissez-moi pleurer dans vos bras!

KOTSKA, SONIA.

Pleure dans le sein de ton père,
Reprends courage dans ses bras.
Cette femme, cette étrangère,
De ton cœur tu la chasseras!...

CYRILLE.

Pardonnez-moi tous deux un moment de faiblesse.
C'est à vous que je dois songer
Pour vous défendre et puis pour vous venger!
Ainsi, le comte et la comtesse
Vous ont chassés...

KOTSKA.

Les autres, comme nous,
Ont de la tyrannie, hélas! senti les coups!

SONIA.

Tout le monde a peur, et personne
N'est sûr de conserver son bien.
On pille, on écrase, on rançonne
Le pauvre, on ne lui laisse rien!

CYRILLE.

Et le comte?

KOSTKA.

Pendant que tous courbent la tête
Il rit, cherchant quelque plaisir nouveau!
Ce soir même, on donne une fête,
Une grande fête au château!

CYRILLE, sombre.

Vous m'avez raconté, mon père, qu'autrefois
Si quelqu'un commettait un crime abominable
Les vieillards s'assemblaient, jugeaient, allaient aux voix
Et, quel qu'il fût, punissaient le coupable!

KOSTKA.

Oui, c'est vrai!

CYRILLE.

Pour frapper alors, qu'attendez-vous ?
Que vous faut-il de plus pour vous mettre en courroux ?

Les cloches des églises commencent à sonner au loin d'une façon lugubre

KOTSKA.

Écoute ! on te répond... c'est le tocsin qui sonne !...

SONIA, à Kotska.

O mon père, j'ai peur !... je tremble, je frissonne !...

SCÈNE IV

CYRILLE, KOSTKA, SONIA, Messagers,
Paysans et Paysannes.

On voit les messagers apparaître un à un s'appelant par des signes.

PREMIER MESSAGER.

Le moment est venu, marchons, l'heure est propice.

DEUXIÈME MESSAGER.

Le mot d'ordre !

PREMIER MESSAGER.

Justice !

LE CHŒUR.

Justice !

UN MESSAGER.

C'est bien! Nous, messagers,
Nous avons tous été de village en village
Annoncer que ce soir, quels que soient les dangers,
On se réunirait pour châtier l'outrage,
Et le meurtre et le vol!

TOUS.

Oui, nous les jugerons,
Et s'il le faut, nous frapperons!

KOSTKA

Il nous faudrait un chef!

CYRILLE, s'avançant.

Votre cause est la mienne,
Si vous voulez de moi, je marche le premier!
Contre vos oppresseurs, je retrouve ma haine,
Je reviens comme un justicier!

TOUS.

Sois notre chef, nous te mettons à notre tête!
Parle! ta voix nous guidera!

CYRILLE.

Oui, la vengeance est prête.
Aux paysans.
Vos armes?

LES PAYSANS, montrant des faux emmanchées.

Les voilà!

CYRILLE.

Pour nous frapper, les grands dressent des échafauds
Tout à leur aise!
Mais nous, quand nous coupons l'herbe mauvaise,
C'est avec le tranchant des faux!
Allons, faucheurs, prenez vos faux!
Marchez!
Fauchez!
Que l'herbe tombe
Sur tous les champs,
Et que le sang versé retombe
Sur les méchants!
Marchez!
Fauchez!

REPRISE PAR LE CHŒUR

KOTSKA, montrant la neige qui commence à tomber.

Voici la tempête de neige!

CYRILLE.

Eh bien, tant mieux!
Oui, c'est le ciel qui nous protège!
Nous irons, cachés par la neige,
Elle rendra nos pas silencieux!

REPRISE DE L'ENSEMBLE GÉNÉRAL

Marchez!
Fauchez!

La neige tombe par gros flocons et par tourbillons; les paysans disparaissent derrière
les nuages et l'on n'entend plus que leurs voix lointaines dont le bruit s'éteint peu
à peu.

ACTE QUATRIÈME

Une grande salle du château de Zevale. — Tables de jeu entourées de seigneurs. — Groupes d'invités et d'invitées causant, riant et buvant.

SCÈNE I

LE COMTE DE ZEVALE, KASSYA, SEIGNEURS, DAMES, puis **KOLENATI.**

ENSEMBLE

Jouons, chantons
Jusqu'à l'aurore.
Oublions, aimons,
Chantons encore !
O nuit enchantèresse,
Prolonge ton ivresse,
Dure toujours
Pour les amours!

KASSYA, souriant à un seigneur qui lui donne du feu pour allumer sa cigarette.

Merci !

Regardant sa cigarette.

Dans ta fumée aux reflets bleus,

Légère et folle,
L'âme s'envole
Vers d'autres cieux.
On se souvient par elle, et par elle on oublie!...

LE COMTE.

Hé, qu'est-ce que je vois,
Comment, ce soir, de la mélancolie?

ASSYA.

Quoique femme on peut bien réfléchir... quelquefois!
Mais c'est fini. Pardonnez-vous?

LE COMTE.
                                Charmante
Toujours!

KASSYA.

Allons, versez mes échansons!
Que l'on danse et qu'on chante!

UN GROUPE.

Mais d'abord les chansons!

KASSYA.

Soit! D'abord les chansons!
C'est dit! messeigneurs, je vous obéis!
Répétons pour vous plaire
Un vieux chant populaire
De nos pays!

DUMKA.

1

Quel est au fond du cœur
Ce tourment plein de charmes
Qui fait verser des larmes
Comme la douleur?

C'est l'amour, c'est aussi l'amour
Qui fait chanter, rire!

LE CHŒUR.

C'est l'amour,
Un martyre,
Un sourire,
Tour à tour,
C'est l'amour!

KASSYA.

II

Qui fait plus doux les cieux,
Plus douce la lumière,
Plus riche la chaumière
Et l'oiseau plus joyeux?
C'est l'amour, c'est aussi l'amour
Qui fait chanter, rire!

LE CHŒUR.

C'est l'amour!
Un martyre,
Un sourire,
Tour à tour,
C'est l'amour!

KASSYA.

Que regrette
La fillette?
Et pourquoi ce pauvre garçon
N'a-t-il plus sa chanson?
C'est qu'hélas,
Un beau jour,
Délaissé, tout là-bas

A fui l'amour !
Ne reviendra-t-il pas ?
Écoute bien,
Je crois qu'il vient,
C'est lui qui vient !

LE CHŒUR.

C'est l'amour !
Fêtez son retour !
Mais tenez-le bien !

TOUS.

Hurrah !

LE CONTE.

L'on ne saurait chanter avec autant de grâce !

KASSYA.

La danse, maintenant, dansons !
Bohémiens, tsiganes, prenez place !

Danses caractéristiques accompagnées par les tsiganes, vers la fin de la danse on
entend au loin le chœur des révoltés et le tocsin.

CHŒUR.

Marchez,
Fauchez !

LES FEMMES.

Entendez-vous ? c'est comme un chant de guerre.
Qui monte et qui grandit ? Entendez-vous ?

KASSYA.
                                        Arrière !
J'entends le bruit du vent dans la forêt ; dansons,
Chantons !

REPRISE DES DANSES

LE CHŒUR, plus rapproché.

Marchez,
Fauchez!
Que l'herbe tombe
Sur tous les champs,
Et que le sang versé retombe
Sur les méchants!

Entre Kolenati.

KOLENATI.

Monseigneur...

LE COMTE.

Que veux-tu, visage de corbeau?

KOLENATI.

Les paysans sont là, menaçant le château,
Ils demandent vengeance.

LE COMTE.

Bon! nous les recevrons,
Et nous leur montrerons
Comment il faut traiter une pareille engeance!

A ses amis.

Êtes-vous prêts?

LES HOMMES.

Oui, nous le sommes tous...

LES FEMMES, moins la comtesse.

Que le Ciel ait pitié de nous!...

LE COMTE.

Au rempart, maintenant, au rempart!

LES HOMMES.

Au rempart !

KOLENATI.

Il est trop tard !

On brise les portes. Entrée furieuse des paysans. Le comte et ses amis sont désarmés.

SCÈNE II

LES MÊMES, LES PAYSANS.

LE COMTE.

Lâches, trente contre un !

LES PAYSANS.

A sac ! le sang ! l'ivresse !
A mort le comte et la comtesse !
La loi les a frappés !

KASSYA.

Vous parlez de la loi !...
Vous, des bandits, des bandits et des traîtres...
Qui de vous lèvera sa main contre ses maîtres ?
Qui de vous osera parler ?

Personne ne bouge. Cyrille paraît.

SCÈNE III

LES MÊMES, CYRILLE.

CYRILLE.

Ce sera moi !

KASSYA.

Cyrille !...

CYRILLE.

Oui, Cyrille.

KASSYA.

Je ne résiste plus.

LE COMTE.

Ce misérable !

LE CHŒUR.

A mort !

LE COMTE, indigné.

Lui, maître de mon sort !

LES PAYSANS.

Qu'ils meurent !

CYRILLE.

Arrêtez !...

LES PAYSANS.

Résistance inutile !
Ils sont à nous, ils sont perdus ! Pour eux la mort !

CYRILLE, les arrêtant.

Souvenez-vous !...
Vous surtout, les vieillards devant qui l'on s'incline,
Souvenez-vous qu'un jour vous m'avez dit : « Nous tous,
» Nous prenons à témoin la Majesté divine,
» Que ton premier désir sera sacré pour nous ! »

LES VIEILLARDS.

Oui, nous nous souvenons !

CYRILLE.

Je demande leur grâce.

LES PAYSANS.

Jamais, il faut que justice se fasse !

KOTSKA, à Cyrille, en écartant les paysans.

Tu le veux ?

CYRILLE.

Je le veux !

KOTSKA.

Soit ! Jure que demain
Tous les deux de l'exil auront pris le chemin...

CYRILLE.

Je le jure !...

LE COMTE.

Pardieu, les drôles me font rire !
Mourons, cela vaut mieux, mourons !...

Il veut s'élancer, on l'entoure, on le retient.

KASSYA, bas à Cyrille.

Écoute-moi.
Il faut que je te parle, à toi seul...

CYRILLE.

Et pourquoi ?
Je vous sauve et je n'ai rien de plus à vous dire.

Une bande de paysans qui ont commencé à boire et à piller rentre dans la salle.

LES PAYSANS.

A sac ! A sac ! A mort ! Le sang ! L'ivresse !
A mort le comte et la comtesse !

KASSYA.

Que l'herbe tombe
Sur tous les champs,
Et que le sang versé retombe
Sur les méchants !

LES SEIGNEURS.

Mourons debout, bravant le sort !

LES PAYSANS.

A sac ! Le sang ! L'ivresse ! A mort !

Cyrille et les vieillards se jettent au-devant d'eux, essayant de protéger le comte et Kassya.

———

ACTE CINQUIÈME

L'intérieur du logis de Kotska. — Porte et fenêtre au fond. — A droite
une sorte d'entrée de cave. — A gauche, un grand poêle et une porte.

SCÈNE 1

KOTSKA, SONIA, assise et travaillant.

KOTSKA.

Que dit-on de Cyrille?

SONIA.

On dit qu'il va partir,
S'en retourner là-bas, reprendre du service.

KOTSKA, souriant.

Tu crois à ce départ?

SONIA.

Oui, je crois qu'il veut fuir
Celle qui l'a tant fait souffrir
Et qu'il aime toujours encor qu'il la maudisse !

KOTSKA, *la regardant en souriant.*

Tu crois vraiment qu'il l'aime?

SONIA.

Oui, père, je le crois!

Entre Cyrille.

SCÈNE II

LES MÊMES, CYRILLE.

CYRILLE.

Les seigneurs à présent tremblent devant les lois
Et vous n'avez plus rien à craindre.
Quand le jour tombera,
Chacun d'eux, quel qu'il soit, pour l'exil partira!

KOTSKA.

Serai-je moins à plaindre
Si tu pars me laissant seul?

SONIA.

Ah! quant à cela!...

CYRILLE.

Qu'allais-tu dire, Sonia?

SONIA.

J'allais dire, Cyrille,
Qu'il ne sera pas seul, tu peux être tranquille.
Quand tu seras parti.
Je resterai près de ton père,
Soumise, attentive, et j'espère
Pouvoir te répondre de lui !

Quand tu seras parti,
Je veux, protégeant sa vieillesse,
Essayer, malgré ma faiblesse,
D'être son guide, son appui !
Un tel devoir me rend joyeuse
Et je vivrai tranquille, heureuse
Sanglots contenus.
Quand tu seras parti !

CYRILLE.

Je ne partirai pas, Sonia!... Si tu veux,
Je te prendrai pour femme et nous vivrons heureux !
Tu ne dis rien ?

SONIA.

Je n'ai la force de rien dire !
Elle tombe dans ses bras.

KOTSKA.

Mon Cyrille, mon fils,
Quand tu parles ainsi c'est le ciel qui t'inspire...
Que tes jours soient bénis !

CYRILLE.

Allez, mon père, allez, ma folie est passée
Je relève le front !
Assemblez le village et de ma fiancée
Dites à tous le nom !
Kotska et Sonia sortent en regardant tendrement Cyrille.

5

CYRILLE, seule.

Je veux l'aimer, je l'aime et ne regrette rien.

Kassya apparaît sur le seuil de la porte.

SCÈNE III

CYRILLE, KASSYA.

KASSYA.

Tu m'attendais, c'est bien !

CYRILLE.

Kassya !.. Kassya !...

KASSYA.

Cyrille !...

CYRILLE.

Vous voilà !
Qu'avez-vous à me dire,
De quoi dois-je me défier ?
Allez-vous, avec un sourire,
Faire signe aux soldats qui doivent m'entraîner ?

KASSYA.

Cyrille, je t'en prie,
Ce piège, cet enrôlement,
Ces soldats qui t'ont pris, ce n'est pas moi !

CYRILLE.

Vraiment !

KASSYA.

Cyrille, sur ma vie,
Ce n'est pas moi !

CYRILLE.

Ce n'est pas toi non plus,
Ame fausse et traîtresse,
Toi qui, fermant l'oreille à mes cris éperdus,
T'es vendue au seigneur pour devenir comtesse.
Cette femme sans foi
Ce n'est pas toi ?

KASSYA.

Oui, je fus coupable et cruelle,
Et tu chercherais vainement
Un outrage assez fort pour celle
Qui t'a trahi si lâchement !
Et je t'aimais pourtant, ô mon âme, ma vie.
Et toi seul pourrais pardonner,
Toi que, malgré mon infamie,
Je n'ai jamais cessé d'aimer...

CYRILLE.

Crois-tu donc que j'oublie
Tes crimes, tes forfaits !

KASSYA.

Je t'aimais !

CYRILLE.

Toi qui brisas ma vie
Sans remords, sans regrets !

KASSYA.

Je t'aimais !!
Je t'aimais et t'aime encore
Et tu m'aimés aussi.

CYRILLE.

Tu mens !

KASSYA.

Non, je ne mens pas, je t'adore...
Et toi...

CYRILLE.

Ne parle plus, tais-toi, je te défends...
Moi t'aimer, je te hais...

KASSYA, lui fermant la bouche d'un geste.

Non, Cyrille, tu m'aimes !
Bien plus que tes paroles mêmes
J'en crois le trouble de ta voix,
Tu m'aimes, je le sais, tu m'aimes, je le vois !

CYRILLE, faiblissant.

Le mal que tu m'as fait, puis-je le pardonner ?

KASSYA.

Le mal qu'on a souffert n'empêche pas d'aimer.

CYRILLE.

A ses larmes, à son sourire
Je tremble, j'ai peur de céder.
C'est donc vrai que l'on peut maudire
Et que l'objet maudit, on le peut adorer !

KASSYA.

A mes larmes, à mon sourire
Ne cherche pas à résister !
C'est en vain que tu veux maudire.
L'amour c'est le pardon, et tu vas pardonner !

CYRILLE, se dégageant brusquement.

Non, non, ne parle plus !

KASSYA.

Cyrille, je t'en prie !...

CYRILLE.

Non, non, je n'écoute plus rien...
Céder serait une infamie !
La mort plutôt !

KASSYA, résolument.

La mort, je le veux bien !

CYRILLE.

Tu le veux bien ?

KASSYA.

Je le veux bien !
Mais ne l'appelle pas trop vite !
Laisse-nous le temps d'être heureux !
Aimons-nous d'abord et qu'ensuite
La mort nous frappe tous les deux !
Qu'elle vienne, moi je l'implore,
D'avance je bénis le jour
Où nous mourrons jeunes encore
Comme doivent mourir tous les héros d'amour !

CYRILLE.

Kassya !

KASSYA.

Mon âme, ma chère âme!

CYRILLE.

En t'écoutant c'est moi qui suis infâme!

KASSYA.

Aimons-nous, soyons heureux,
Et que la mort nous frappe tous les deux!
Qu'elle vienne, moi je l'implore.
D'avance je bénis le jour
Où nous mourrons jeunes encore
Comme doivent mourir tous les héros d'amour!

CYRILLE.

O mort, viens fermer mes yeux!
Viens nous frapper tous les deux,
Viens à moi, car je t'implore,
Et de ce fatal amour
Que je hais et que j'abhorre
Qu'aujourd'hui soit le dernier jour!

KASSYA.

Ah viens, partons!
Ils font un pas pour sortir, mais Cyrille s'arrête en entendant le chœur suivant que
l'on chante au dehors.

CHŒUR.

Jetons des fleurs sur les chemins
En l'honneur de la fiancée!
Jetons les roses, les jasmins,
La violette, la pensée.
Jetons des fleurs sur les chemins!

CYRILLE.

Qu'allais-je faire et quel délire
S'était donc emparé de moi?

KASSYA.

Que veulent dire
Ces chants, ces bruits confus?

Cyrille ne répond rien.

Regarde-moi, Cyrille!

Avec un grand cri.

Ah! tu ne m'aimes plus!!

La porte s'ouvre et l'on voit apparaître Kotska et Sonia qui précèdent les paysans venus pour les fiançailles.

KASSYA, *à Cyrille avec douleur.*

Tu n'as pas voulu croire... et je t'aimais pourtant!
A mon amour croiras-tu maintenant!

Elle se frappe d'un coup de poignard et tombe assise; Sonia est accourue pour la soutenir; Kassya la regarde et lui dit doucement.

Te souvient-il de cette bohémienne
Qui lut notre avenir dans ta main, dans la mienne?
Elle m'avait promis à moi
Les grandeurs... et je meurs comtesse!
Elle t'avait promis à toi
Le bonheur... Le destin a tenu sa promesse!

Elle meurt.

FIN

IMPRIMERIE CHAIX, RUE BERGÈRE, 20, PARIS. — 1780-1-93 (Encre Lorilleux).

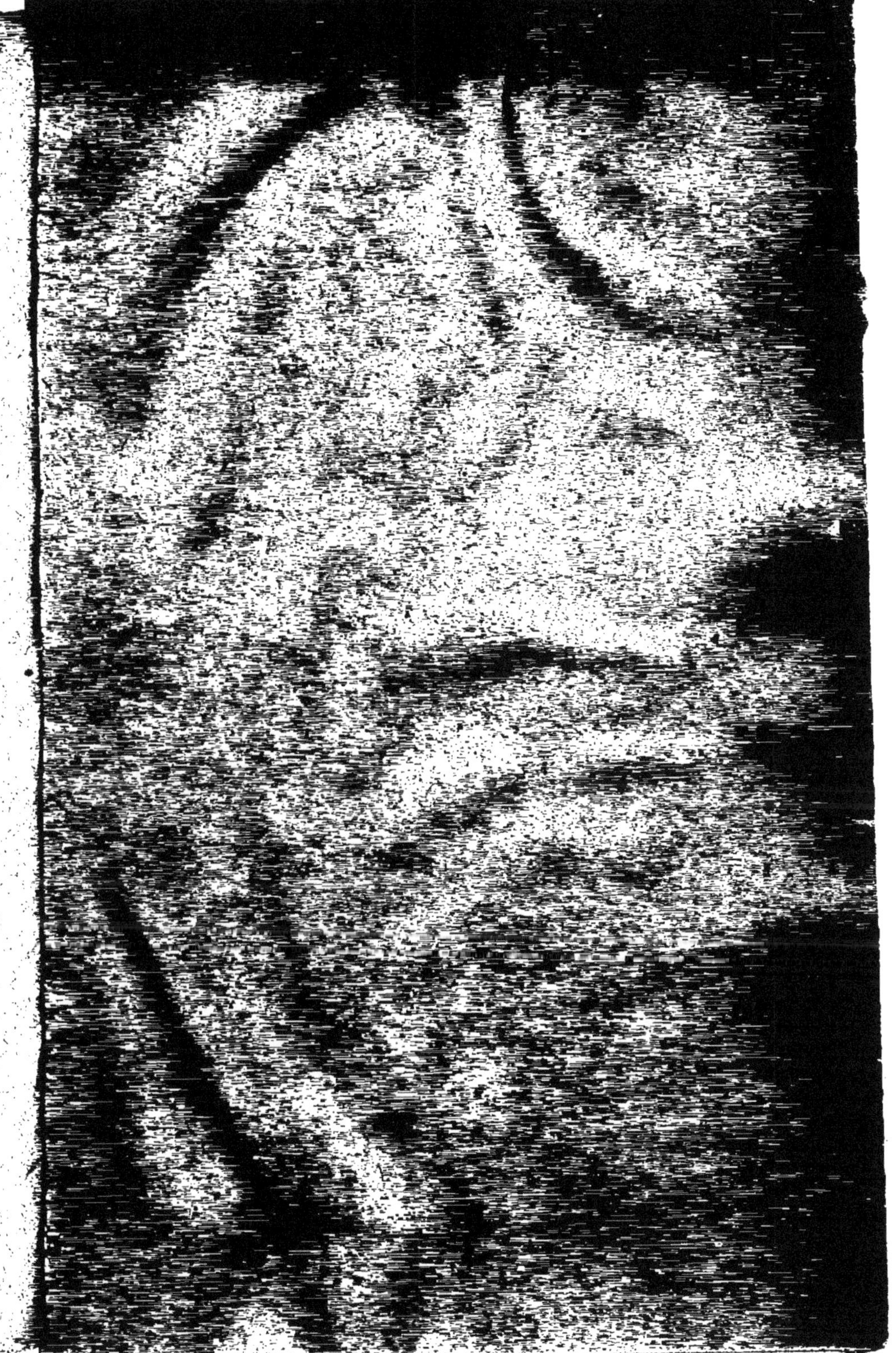

www.ingramcontent.com/pod-product-compliance
Ingram Content Group UK Ltd.
Pitfield, Milton Keynes, MK11 3LW, UK
UKHW020022100726
13658UKWH00003B/1059